I0075429

SUR L'EXPRESSION
"LOCARE OPERAS"
ET LE TRAVAIL
COMME OBJET DE CONTRAT A ROME

PAR

A. DESCHAMPS

PROFESSEUR D'HISTOIRE DES DOCTRINES ÉCONOMIQUES
A LA FACULTÉ DE DROIT DE L'UNIVERSITÉ DE PARIS

Extrait des *MÉLANGES GÉRARDIN*

LIBRAIRIE
DE LA SOCIÉTÉ DU RECUEIL J.-B. SIREY & DU JOURNAL DU PALAIS
Ancienne Maison L. LAROSE et FORCEL
22, rue Soufflot, PARIS, 5e arrdt
L. LAROSE & L. TENIN, Directeurs
—
1907

SUR

L'EXPRESSION " LOCARE OPERAS "

ET LE TRAVAIL

COMME OBJET DE CONTRAT A ROME

Si la Rome antique n'avait connu l'esclavage et certaines autres institutions par l'effet desquelles de nombreux hommes libres ne disposaient pas de leur activité ou n'en disposaient point entièrement [1], il est probable que l'idée ne fût venue à personne de donner au contrat par lequel un individu s'engage à travailler pour un autre moyennant salaire le nom de *locatio*, LOUAGE (*locatio operarum*, louage de services ou de travail) [2].

[1] Parce que l'expression d' « hommes libres » n'était nullement leur équivalent, on se servira souvent, dans la suite, de ces locutions : « l'homme maître de son activité, les individus disposant d'eux-mêmes, de leur travail ».

[2] Les textes juridiques romains n'usent guère de la forme substantive *locatio operarum* (ni de celle, d'ailleurs, de *locatio rei*). Esprits essentiellement réalistes, les grands jurisconsultes de Rome, tout en maniant l'analyse avec une admirable sûreté, se gardaient des abstractions et des généralisations prématurées. (C'est ce qui a fait d'eux d'incomparables éducateurs de l'esprit juridique, qui n'est rien d'autre que l'esprit scientifique appliqué aux réalités du droit). Pendant longtemps, ils désignèrent la convention que nous appelons louage simplement en la décrivant. Ils disaient : *locare rem fruendam, locare operas fruendas, locare opus faciendum...* *Locare* n'exprimait, conformément à son étymologie, que le fait matériel de déplacer la chose pour la placer ailleurs, en d'autres mains. *Fruendam, faciendum*, marquait le but convenu en vue duquel les parties opéraient ce déplacement de l'objet.

De quel nom l'eût-on appelé ou conviendrait-il de l'appeler? C'est ce qu'il est difficile de dire, et qu'on ne se propose pas de résoudre. Il y a tendance aujourd'hui à abandonner la vieille expression, dans les rapports du moins entre ouvriers et patrons; mais l'embarras est grand d'en trouver une autre qui rallie tous les suffrages. Les juristes relèvent des défauts certains dans toutes celles qu'on a tenté d'introduire (contrat de travail, contrat de salaire, contrat de main-d'œuvre, ...). Celle de contrat de travail, malgré les critiques qu'elle mérite, semble devoir l'emporter. Il en sera fait

— Puis, sous l'influence des transformations économiques et sociales, cette espèce de conventions venant à se répandre, elle se spécifia et s'individualisa, en quelque sorte, d'elle-même, et l'on put sous-entendre le mot qui marquait le but du déplacement. On se permit de dire *locare rem, locare operas, locare opus*. Cela, au point de vue linguistique, c'était de l'avancement pour le mot *locare*, qui acquérait ainsi une valeur juridique, technique, qu'il n'avait pas originairement ni par l'étymologie. Et la forme substantive *locatio* (*locatio conductio*, dirent les jurisconsultes dans leur souci de précision analytique et réaliste) se présentait dès lors tout naturellement pour désigner notre type de contrat; de fait, e... ne manqua pas d'être employée. Malgré cela, *locatio operarum*, de même que *locatio rei*, se rencontre rarement; c'est comme si les jurisconsultes avaient préféré s'abstenir de ces locutions substantives. Dans les deux textes juridiques où nous avons pu les rencontrer, il était difficile de les éviter, à raison de la structure de propositions où la *locatio rei* et la *locatio operarum* ne sont pas seules en jeu (*locatio rei*, V. Ulpien, L. 15, pr., D. 50; — *locatio operarum*, V. Gaius, III, 147. — *Locatio operis*, L. 58, § 1, D. 19, 2. — *Locatio [vectigalium*, Paul, *Sentent.*, V, I^a § 1. — *Add.* pour *locatio rei*, Cod. Just., 11, 70, rubrique du titre).

Le Code civil français, continuant en cela la tradition romaine, traite, si peu que ce soit, de notre contrat au titre *Du Louage* et en fait un *louage*. Sa terminologie décèle d'ailleurs une singulière incertitude de pensée au regard de cette convention qu'il semble ne pas distinguer nettement du louage d'ouvrage (V. art. 1708, 1710 et 1711). Il la désigne assez correctement cependant, une fois acceptée l'expression « louage », dans l'art. 1779-1°. Quoi qu'il en soit, *louage de services* est depuis longtemps d'emploi courant dans la doctrine et dans la jurisprudence, et la loi du 27 décembre 1890 (complétant l'art. 1780 C. civ.) a consacré cette expression, que le législateur de 1807 n'avait pas employée.

usage ici même, quand ce sera un moyen de désigner plus
brièvement le louage de services entre individus maîtres de
leur activité, c'est-à-dire notre louage de services, par oppo-
sition à des louages de services très différents, que connais-
sait le droit romain. Ce n'est pas que l'on médite de contri-
buer à la réforme, en ce point, de la langue juridique. On ne
demande pas la mort de l'expression traditionnelle, dont on
ne voit pas pourquoi l'on ne continuerait pas de s'accommo-
der, sauf à n'en être point dupe, comme à la vérité la chose
est peut-être arrivée [1]. L'objet de ces quelques lignes est,
sans plus, de montrer comment elle s'est formée dans un
milieu social qui s'y prêtait, et, par là même, comment elle
ne serait sans doute pas née dans un état social très différent,
tel que celui des peuples modernes.

Grâce à l'esclavage romain et à quelques autres institutions
qui en dérivaient ou s'en rapprochaient plus ou moins, c'est
en effet par une pente insensible que le mot *locare*, en usage
d'abord pour le louage des choses mobilières, vint s'appliquer à la convention par laquelle un homme engage libre-
ment ses services ou son travail à un autre. Le domaine de
la *locatio*, en matière de travail ou de services, était singu-
lièrement plus étendu, en un sens, et plus divers que ne l'est
celui de notre louage de services. Il comprenait, — et cela
au premier chef, — des contrats auxquels le travailleur n'était
point partie, pas plus que ne l'est la chose dans le louage de
choses, et il comprenait un contrat auquel le travailleur
était partie, le contrat que désigne exclusivement aujourd'hui
l'expression louage de services. La catégorie des *locationes*
auxquelles le travailleur n'était point partie renfermait elle-
même des variétés, dont le type initial était proprement une
locatio rei, un louage de chose mobilière : la *locatio servi*,
louage d'esclave, dans lequel la personne même du travailleur était et n'était rigoureusement qu'objet. — et dont les
autres espèces offraient, en gradation décroissante, une ana-

logie de plus en plus lointaine avec la *locatio rei*, acheminant ainsi l'esprit à employer sans surprise le mot de *locatio* pour désigner un contrat en réalité très dissemblable, puisqu'à ce contrat le travailleur est partie. C'est que, chez les Romains, entre la chose et l'homme, d'une part, entre l'esclave et l'homme maître de son activité, d'autre part, la séparation n'était pas brusque ni absolue. Entre la chose et l'homme, il y avait l'esclave, chose en droit, homme en fait. Entre l'esclave et l'homme maître de son activité, il y avait l'affranchi, l'ingénu *in mancipio* ou *in patria potestate*, tous trois hommes libres, mais ne disposant pas totalement d'eux-mêmes.

Pour ces raisons le travail en tant qu'objet de contrat, à Rome, mériterait une étude particulière, dont la physionomie assurément ne se confondrait que bien peu avec celle du contrat de travail dans notre droit. Les éléments en sont du reste très connus. Il semble seulement qu'on n'ait point songé à en tirer l'effet de synthèse que peut souhaiter l'économiste autant que le jurisconsulte. Avec un peu de bonne volonté l'on trouverait peut-être dans ce qui suit les cadres, au moins provisoires, de l'étude dont nous nous permettons de signaler l'intérêt[1].

Le contrat entre employeur et employé ne pouvait avoir à Rome qu'un champ d'application assez restreint. Le contrat, dans ce domaine de relations, a pour objet d'obtenir d'un homme, maître de sa personne et de son activité, — par conséquent maître de ne rien faire comme de travailler, — qu'il consente à travailler pour nous moyennant salaire. Or un grand nombre d'individus, même d'hommes libres, n'avaient pas cette liberté, mais au contraire étaient tenus, sans que leur volonté y fût pour rien, d'employer leur activité au service d'autrui.

C'était la conséquence de l'esclavage, du patronat et de la puissance paternelle.

(1) On ne s'étonnera pas de n'y point voir parler de la *locatio operis faciendi*. Dans cette *locatio*, ce n'est pas le travail qui est l'objet du contrat.

Par l'effet de ces institutions, l'on pouvait se procurer les services ou la main-d'œuvre dont on avait besoin, soit sans recourir à une *locatio*, soit par des *locationes* qui, même lorsqu'elles s'appelaient *locationes operarum*, n'avaient juridiquement rien de commun avec ce que nous connaissons dans nos sociétés sous le nom de louage de services. Dans les deux cas le contrat passait par dessus la tête de l'« employé ».

I

Entre un homme et le cheval que cet homme fait travailler il n'y a pas de contrat. L'homme est propriétaire du cheval et use de son droit de propriété en se servant de l'animal. La situation juridique est la même entre le maître et l'esclave. Il serait aussi faux de parler de louage de services entre eux qu'entre le cheval et son propriétaire. L'esclave est la chose du maître ; le droit qu'a le maître sur l'esclave, il le tient non du consentement de l'esclave [1], mais d'un fait (capture d'un ennemi, butin, naissance), ou d'un acte juridique ou contrat dans lequel l'esclave n'a été qu'objet (vente, donation, legs, ..). Les causes du droit de propriété du maître sur l'esclave sont en principe les mêmes que celles du droit du propriétaire sur la chose.

Il est dès lors aisé de comprendre comment on pouvait se procurer de la main-d'œuvre sans recourir à une *locatio*. On *achetait* des esclaves. Sur certains marchés l'on en trouvait aussi facilement que des animaux domestiques. Qui avait besoin de main-d'œuvre d'une manière durable ou pour une entreprise assez longue, pouvait avoir avantage à se la procurer plutôt par l'acquisition d'un ou de plusieurs esclaves que par la convention avec un ou plusieurs hommes disposant d'eux-mêmes. L'esclave coûtait peu à nourrir, on possé-

[1] La renonciation conventionnelle à la liberté personnelle était impossible en droit romain (Ihering, *De l'Esprit du droit romain*, II, p. 216, trad. Meulenaere).

dait sur lui des moyens de contrainte énergiques, et, quand
on cessait d'en avoir besoin, on pouvait le revendre. Le champ
de la *locatio*, en matière de travail, se trouvait par là énor-
mément restreint.

Il l'était encore, et dans une large mesure, par l'effet
d'institutions autres que l'esclavage. Des hommes libres, en
très grand nombre, ne disposaient point de leur activité. —
Tel était le cas des individus *in patria potestate, in manu* ou
in mancipio, beaucoup plus nombreux évidemment que les
individus *sui juris*. Aux temps anciens le chef de famille disposait d'eux comme de ses biens ou de ses esclaves [1]. Il fut
toujours maître, en principe, de leurs services et de leur travail,
quel que fût leur âge. Si la maison avait besoin de plus de
bras que n'en représentaient les enfants et les femmes *in manu*,
le chef de famille pouvait en augmenter le nombre, non
seulement par des achats d'esclaves ainsi qu'on l'a vu, mais
aussi bien par des achats d'hommes libres *alieni juris* et par
des adoptions. — Les chefs de famille dans la misère ven-
daient leurs enfants pour se procurer des ressources [2].
L'acquéreur les avait *in mancipio*, c'est-à-dire *loco servorum*.
Des ingénus pouvaient donc se trouver malgré eux obligés
de travailler pour autrui. Comme dans l'achat d'esclaves, si
c'est bien par un contrat qu'on se procure ainsi des services
ou de la main-d'œuvre, c'est par un contrat [3] qui, d'abord,
n'est pas une *locatio*, et qui, ensuite, passe par dessus la tête
du travailleur, réduit au rôle d'objet [4]. — Quant à l'adop-

---

(1) V. Édouard Cuq, *Les Institutions juridiques des Romains*, tome I
(*L'Ancien droit*, 2e édit., 1904, p. 18. — P.-F. Girard, *Manuel élém. de
droit romain*, 5e éd., 1906, p. 135 et s.

(2) *Qui contemplatione extremæ necessitatis aut alimentorum gratia filios
suos vendiderint...*, (Paul, *Sentent.*, V, 1, § 1). Si la vente avait lieu *trans
Tiberim*, le fils de famille vendu devenait esclave. Il entrait seulement *in
mancipio*, s'il était vendu dans Rome. — Le chef de famille ne pourrait
manciper que trois fois, pour cinq ans chaque fois, ses fils. Après trois man-
cipations, le fils devenait *sui juris*.

(3) ... Suivi d'une mancipation.

(4) L'acquéreur pourrait à son tour aliéner l'individu *in mancipio*, comme

tion, qui, elle non plus, n'impliquait aucunement le consentement de l'adopté (*alieni juris*), mais uniquement celui de son *paterfamilias* et de l'adoptant, bien que les historiens des institutions romaines ne la présentent guère que comme motivée, chez l'adoptant, par le souci de perpétuer le culte des ancêtres, il serait surprenant que le vrai mobile n'en fût pas souvent le désir d'augmenter le nombre des travailleurs de la *domus*. Parlant de la Chaldée, M. G. Maspero écrit : « On adoptait journellement en Chaldée. Il y avait plusieurs motifs à cela : le premier, et le plus décisif, était l'intérêt bien entendu de la famille. On avait besoin d'aides pour cultiver la terre, pour exercer un métier, pour développer un commerce ou une industrie ; l'adoption en fournissait qu'on n'était pas obligé de payer..... Aussi la plupart des adoptés sont-ils des adultes, gens à l'esprit délié ou aux robustes épaules, enfants qu'on se procurait tout grandis sans avoir eu l'ennui de les élever ni la charge de les nourrir [1] ». La fréquence des adoptions à Rome relevait vraisemblablement de ce mobile intéressé autant que du souci plus noble de ne point laisser périr le culte domestique.

Enfin une autre catégorie d'hommes libres devaient leur travail ou du moins une partie de leur travail à autrui. C'étaient les affranchis, sinon tous, du moins le plus grand nombre. Un maître, avant d'affranchir son esclave et pour augmenter les *jura patronatus*, lui fait jurer qu'une fois affranchi il lui fournira des *operæ* (*officiales vel fabriles*) [2]. Puis, l'esclave devenu libre fait un nouveau serment en exécution du premier, et dès lors il est tenu. Les services ou le travail qu'il doit au *patronus* ou à ses héritiers [3] peuvent

il aurait fait d'un esclave. A côté du commerce d'esclaves, il y avait ainsi un commerce de gens *in mancipio*, où la main-d'œuvre n'était toujours qu'objet.

(1) G. Maspero, à propos d'une publication de M. Bruno-Meissner, *Beitrage zur altbabylonischen Privatrecht* (Leipzig, 1893), dans la *Revue historique du Journal des Débats*, n° du 20 avril 1894 (édition du soir).

(2) L. 9, § 1, D. 38, 1.

(3) Les *operæ fabriles* de l'affranchi sont dus en principe au patron durant sa vie et à ses héritiers après sa mort (L. 6, D. 38, 1).

être si considérables et si absorbants, que Gaius dit que
cependant il faut laisser à l'affranchi le temps de gagner de
quoi se nourrir [1]. — Ici, à la vérité, l'on pourrait être tenté
de voir un régime contractuel de travail, une convention
dans laquelle le travailleur engage lui-même ses services,
bref un louage de services au sens qu'a ce mot de nos jours.
Mais, d'abord, combien peu libre est la convention, si l'on veut
à tout prix parler ici de convention, qui intervient de la sorte
entre les deux parties! Combien peu libre la promesse faite
en exécution d'un premier serment prêté par l'esclave tandis
qu'il est encore esclave et comme condition, en quelque sorte,
de son affranchissement! Quelle est, d'autre part, la nature
du droit du patron? Est-ce un droit de créance? Il semblerait
que oui si l'on en considère la source. Mais l'on verra que le
patron peut disposer des *operæ fabriles* de l'affranchi à peu
près comme, avant l'affranchissement, il pouvait disposer de
sa personne [2], en sorte que son droit offre plutôt l'aspect
d'une propriété retenue, plus ou moins étendue selon la promesse du *jusjurandum*. Ce droit passe aux héritiers du patron
après sa mort si l'affranchi lui survit [3]. Aucune *merces* n'est
due à l'affranchi. Où est l'analogie avec notre louage de services?

Voilà donc plusieurs sources auxquelles pouvaient puiser,
sans qu'une *locatio* intervînt, ceux qui avaient besoin de services ou de main-d'œuvre. — On va maintenant voir comment
on se procurait de la main-d'œuvre ou des services par des
locationes, qui, si elles étaient bien, l'une fort correctement,
les autres par analogie décroissante, des *locationes*, n'avaient
cependant elles-mêmes rien de commun, même quand elles
étaient appelées *locationes operarum*, avec le louage de services dans nos sociétés, — ce qui précisément explique la justesse
relative de cette appellation appliquée aux contrats romains

---

(1) L. 19, D. 38, 1.
(2) L. 9, § 1, *in fine*, et L. 25, D. 38, 1.
(3) V. p. 163, *supra*, n. 3.

dont il va être parlé et fera peut-être sentir que, ainsi qu'on l'a avancé, nos contemporains n'eussent vraisemblablement pas eu l'idée d'appeler *locatio* le contrat de travail s'ils n'avaient trouvé toute faite cette désignation dans le droit romain, qui, lui, fut insensiblement amené à l'employer par l'effet d'institutions que nous ne connaissons plus.

II

Quand un Romain avait besoin de main-d'œuvre et ne possédait ni esclaves, ni affranchis lui devant des *operæ fabriles*, ni individus *in mancipio*, ou bien n'en avait pas assez, et que, d'autre part, ce besoin était temporaire ou que manquaient les moyens d'acheter un ou des esclaves, il ne lui était pas pour cela indispensable, tant s'en faut, de recourir à des hommes disposant d'eux-mêmes et de conclure avec eux des conventions de travail. Il pouvait se procurer par une *locatio conductio* la main-d'œuvre d'esclaves dont un autre était propriétaire ou usufruitier, le travail d'affranchis dont un autre était patron, les services d'ingénus *in mancipio* ou *in patria potestate*.

L'esclave pouvait être loué aussi bien que vendu, donné ou légué [1]. Le louage d'un esclave était une *locatio* au sens propre et, si l'on peut dire, matériel du mot ; c'était un louage de chose mobilière, une *locatio conductio rei*, tout comme le louage d'un animal domestique ou d'un meuble inanimé [2]. La personne physique de l'esclave était placée (*locata*), mise à la disposition du preneur, qui l'emmenait avec lui (*conducebat*). C'est en quoi il y avait *locatio* au sens originaire du mot, sens impliquant déplacement matériel et qui aux immeubles déjà ne peut être appliqué que par figuration.

Dans ce louage de chose qu'est la *locatio servi*, c'est donc

(1) L. L. 12, 13, 18, § 1, D. 19, 2. — L. 5, pr., D. 7, 8.
(2) L. 13, § 1, D. 19, 2 : *Qui servum conductum* VEL ALIAM REM NON restituit....

la personne même de l'esclave, sa personne physique qui, par une convention dans laquelle, de même que dans la vente, il n'est qu'objet, est placée à la disposition du preneur. Mais, dans le fait, comme le preneur n'a droit qu'à la jouissance, ce qu'en définitive l'esclave loué va lui procurer, ce sont ses services, *operæ*. *Fructus hominis in operis constitit* [1]. On voit déjà par où va s'introduire l'expression *locatio operarum* ou, plutôt, *locare operas*. *Locare servum* allait de soi, comme *locare rem*. Pour mieux dire, c'était même chose. *Locare operas servi* sera hardi; car des *operæ*, cela n'existe pas. *Operæ in rerum natura non sunt* [2], *Opera in actu consistit nec ante in rerum natura est, quam si dies venit, quo præstanda est* [3]. Mais l'expression est préparée, amenée par celle de *locare servum*, le but, l'objet en fait de cette *locatio* étant les *operæ servi* [4].

(1) L. 4, D. 7, 7.

(2) L. 9, pr., D. 33, 1.

(3) L. 1, D. 7, 7. — Add. L. 22, pr., D. 38, 1 : *Aliud enim est de operis, aliud de ceteris rebus: cum enim operarum editio nihil aliud sit, quam officii præstatio.*

(4) Il arrivera aux jurisconsultes romains, pourtant si exacts à leur ordinaire, d'employer une expression pour l'autre. Papinien, supposant le legs des *operæ* d'un esclave, dit que le légataire peut louer les *operæ* de cet esclave pour en tirer une *merces*. Puis il ajoute : *Idem est, et si servus se locaverit* (L. 2, D. 33, 2). Or l'esclave, empruntant, dans cette hypothèse, la personnalité juridique de son maître, ne peut évidemment louer que ce que son maître pourrait louer, c'est-à-dire ses *operæ*. Et néanmoins Papinien parle comme si l'esclave faisait là une *locatio servi*. Rigoureusement ce ne peut être qu'une *locatio operarum servi* (V. *infrà*, p. 167 et 168). — Cette négligence de langage devait aboutir parfois à la confusion inverse et conduire à parler de *locatio operarum servi* quand il s'agissait proprement de *locatio servi*.

Dira-t-on que cela devait être indifférent, puisqu'en fait la *locatio servi* se ramenait à une *locatio operarum servi*? Cela n'est pas si sûr, en ce qu'au moins l'on conçoit très bien comme possibles des différences, même sans pousser trop loin l'analyse. On conçoit fort bien, par exemple, que, à la différence de la *locatio servi*, le *conductor*, dans la *locatio operarum servi*, ne garde pas l'esclave dans sa maison en dehors des heures de travail, qu'il ne le nourrisse point ni ne l'entretienne. L'esclave vient lui fournir son travail

Et telle situation juridique va se présenter, dans laquelle ce seront et ce ne pourront être que les *operæ* de l'esclave, non sa personne corporelle elle-même, qui feront l'objet du contrat, parce que celui qui va engager à autrui les *operæ* de l'esclave, s'il peut disposer de ces *operæ*, ne peut disposer de la personne même de l'esclave, dont il n'est pas propriétaire. C'est le cas du légataire de l'usufruit d'un esclave, cas fréquent si l'on en juge par le nombre des textes qui l'envisagent (1). L'usufruit d'un esclave se ramène, en grande partie, au droit de jouir de ses *operæ* (2). Au reste, toujours

comme de nos jours l'ouvrier va travailler à la fabrique ou à l'atelier ou chez des particuliers. La *locatio servi* et la *locatio operarum servi*, quand le *locator*, propriétaire de l'esclave, peut le louer aussi bien que louer simplement ses services, auraient ainsi répondu pratiquement à des besoins différents, comme aujourd'hui répondent à des besoins différents le louage des domestiques et le louage des ouvriers. — Quand le *locator* n'était qu'usufruitier de l'esclave ou légataire d'*operæ*, il ne pouvait consentir qu'une *locatio operarum*. Est-ce à dire qu'il ne pouvait, en fait, créer une situation analogue à celle qui résultait de la *locatio servi*? Peut-être le légataire d'*operæ* ne pouvait-il louer que les *operæ fabriles*, comme le patron ne pouvait louer que les *operæ fabriles* de l'affranchi, non ses *operæ officiales*. Alors la *locatio operarum servi* aurait pratiquement suffi à l'exploitation des seules *operæ* dont le *locator* avait le droit de tirer argent. Mais nous avouons être ici dans le domaine de l'hypothèse.

(1) V. par exemple, L. L. 2, 3, 4, 5, D. 7, 7; L. 2, D. 33, 2.

(2) *In hominis usufructu operæ sunt,...* (L. 3, D., 7, 7). — *Fructus hominis in operis constitit : et retro, in fructu hominis operæ sunt* (L. 4, D., 7, 7). — Anciennement, l'usufruit d'un esclave ne se distinguait pas de celui d'un animal; il se ramenait strictement au d. a de jouir des *operæ* de l'esclave (V. Édouard Cuq, *Les Inst. jur. des Romains*, tome II (1902), p. 280 et n. 7). Toutefois, quand l'esclave était une femme (*ancilla*), la question se posait de savoir si le *partus* appartenait au nu-propriétaire comme produit, ou à l'usufruitier comme fruit. Dans la doctrine ancienne, le *partus ancillæ* était un fruit comme le croît d'un troupeau; mais une doctrine plus récente le considérait comme un produit (V. P.-F. Girard, *Manuel élém. de dr. romain*, 4e éd. (1906), p. 247, n. 5). — D'autre part, le droit classique a reconnu à l'usufruitier le droit de profiter des actes juridiques conclus par l'esclave, bien que la conclusion d'un acte juridique ne rentre pas dans les *operæ*. Le nu-propriétaire n'en conserve pas moins, dans une certaine mesure, le droit d'acquérir par l'intermédiaire de l'esclave (V. Édouard Cuq,

à en juger par les textes, le legs avait souvent cette précision
formelle d'être un legs des *operæ* de l'esclave [1].

Or, le légataire pouvait, du moins en ce qui regarde les
operæ fabriles, préférer en tirer de l'argent plutôt que de se
les faire prester à lui-même. Il en avait le droit, et il en usait
en engageant à autrui, moyennant *merces*, les *operæ* de l'esclave. Les jurisconsultes de Rome disaient de ce légataire :
locat operas servi [2]. Et, bien évidemment, ils ne pouvaient
dire, en stricte logique juridique et en langage exact, *locat
servum*. Le légataire d'*operæ* ne pouvait *locare* que le droit
ou partie du droit qu'il tenait du legs : or, il ne tenait du
legs que le droit aux *operæ*. Dans le fait, le *conductor operarum servi* acquérait un droit fort analogue à celui du *conductor servi*. Mais enfin, c'était *locatio operarum*, non *locatio rei*,
des *operæ* n'étant point une *res*, à la différence de l'esclave.

Nous voilà en possession de l'expression « louage de ser-

---

op. cit., p. 231). La délimitation du droit de l'usufruitier et de celui du nu-
propriétaire, à cet égard, pouvait en fait donner naissance à des difficultés
délicates.

(1) *Operæ servi legatæ... Operis servi legatis...* (L. L. 2 et 5, D., 7, 7). Le
but de cette détermination précise de l'objet du legs était sans doute d'écar-
ter certaines difficultés de nature à se poser dans le cas de legs de l'usufruit d'un esclave (V. p. 167, n. 2) et de limiter la portée du legs à celle
du legs de l'usufruit d'un animal, tout en écartant de façon certaine cette
assimilation en tant qu'elle aurait eu pour résultat de faire considérer le
partus ancillæ comme le croît d'un troupeau. — Ce legs d'*operæ* donnait
d'ailleurs lieu à des divergences d'interprétation quant à sa nature. Les jurisconsultes étaient d'accord pour y voir la création d'un droit réel, d'une
servitude personnelle. Mais était-ce un legs d'usage ou un legs d'usufruit
limité ou quelqu'autre servitude dont le nom serait à trouver? (V. L. 5, D.,
7, 7; — L. 1, § 9, D., 33, 2). En tout cas, ceux-là mêmes qui opinaient pour
le legs d'usage admettaient que le légataire pouvait louer les *operæ* (*operæ
fabriles*, bien entendu. — V. Édouard Cuq, *op. cit.*, t. II, p. 286); cela nous
paraît enlever beaucoup d'intérêt à la discussion. Les textes qui parlent du
droit du légataire à louer les *operæ* le font sans hésitation.

(2) [*Hominis operæ*] *legatæ ....., Et quoniam ex operis mercedem legata-
rius percipere potest, etiam operas ejus ipse locare poterit* (L. 2, D. 33,
2).

vices ». Mais il est facile d'apercevoir, d'une part, qu'elle
ne désigne nullement le contrat que dans notre droit l'on désigne du même nom, et, d'autre part, que, même désignant
en droit romain le contrat que nous venons de voir, l'expression *locare, locatio*, subit une sorte de dématérialisation par
rapport à son sens originaire. — Du moins ceci subsiste-
t-il, qui peut justifier l'emploi du mot *locare*, ainsi déma-
térialisé, et qui ne se rencontrera plus du tout dans notre
louage de services : un objet distinct de chacune des
deux parties, distinct du *locator* comme du *conductor*, et
dont à la rigueur il est possible de dire que le *locator* le
met, *locat*, à la disposition du *conductor*. *Locare*, appliqué à
un immeuble, comporte déjà un sens dérivé. Mais, dans la
locatio rei immobilis comme dans la *locatio operarum servi*,
toujours y a-t-il un objet distinct des parties, un *droit* dont le
déplacement, encore qu'il ne soit que juridique, est cepen·
dant un déplacement. De là, si loin que déjà nous soyons
du point de départ, à l'emploi du mot *locatio* pour désigner
le contrat de travail, il reste du chemin à parcourir.

Mais la pente est douce et comme insensible, si nous demeu-
rons à Rome. Des *operæ* de l'esclave l'expression *locatio*, une
fois adaptée à cet usage, va s'étendre aux *operæ* d'hommes
libres, soit affranchis, soit ingénus, avec ceci de constant,
jusque-là, que le *locator*, le *conductor* et l'objet seront encore
parfaitement distincts, et que la convention passera, comme
dans la *locatio servi* et la *locatio operarum servi,* par dessus
l'objet, par dessus l'homme dont les services sont loués.

Le patron à qui sont dus par l'affranchi des *operæ fabriles*
peut, s'il le veut, les louer à autrui pour en toucher la *merces*, plutôt que de se les faire prester à lui-même [1]. Le
patron, évidemment, n'a pas le droit de louer l'affranchi; mais il a le droit de louer ses *operæ fabriles*. C'est

---

[1] *Sed qui operis liberti sui uti potest, et locando pretium earum
consequi mallet, is existimandus est mercedem ex operis liberti sui capere*
(L. 25, § 3, D. 38, 1).

une *locatio operarum*. Les textes sont du reste très précis [1].

Il en est de même des ingénus *in mancipio*. Celui qui a sur eux le *mancipium* peut engager contre une *merces* leurs services à autrui; et les textes désignent également cette convention par *locare operas* [2].

De même, enfin, des ingénus *in patria potestate*. Le chef de famille, au lieu de les manciper contre un prix, peut, plus simplement, louer leur travail pour une *merces* [3]. Il y trouve même cet avantage de ne point risquer de voir ses enfants échapper à sa puissance, comme il arrivait après une troisième mancipation.

Locatio servi. — *locatio operarum servi, liberti, ingenui in mancipio* ou *in patria potestate,* telle est la pente insensible que descend psychologiquement le mot *locatio* dans le domaine des conventions relatives au travail ou aux services. Toutes présentent ce caractère commun, d'être des contrats dans lesquels l'objet, — travail ou services, — est parfaitement distinct des parties, objet extérieur à leurs personnes et dont elles disposent comme d'une chose ou d'un droit appartenant à l'une d'elles. De ce point de vue, l'analogie des louages de services qui viennent d'être signalés avec le louage de chose reste sensible, et cela dans la mesure même où ils manquent d'analogie avec notre louage de services, avec notre contrat de travail.

La dernière étape psychologique du mot *locatio* reste à fran-

(1) *Patronus, qui operas liberti sui locat...,* (L. 25, pr., D. 38, 1). — L. 3, D., 33, 2. — *... patroni operas (libertorum) locant...* (L. 25, § 5, D. 38, 1). — La loi *Ælia Sentia* restreignait le droit pour le patron de faire argent des *operæ* de l'affranchi (L. 32, § 1 et 2, D. 40, 9).

(2) *Qui contemplatione extremæ necessitatis aut alimentorum gratia filios suos vendiderint, statui ingenuitatis eorum non præjudicant;... Operæ tamen eorum locari possunt* (Paul, Senten., L. V, I, § 1).

(3) V. Édouard Cuq (*Les Instit. jurid. des Romains,* tome I (2e éd., 1905), p. 50 et n. 5) : « La mancipation d'un fils de famille fut la forme primitive du louage de services pour les personnes libres en puissance. Lorsque plus tard on étendit à ces personnes l'application du louage, la mancipation volontaire tomba en désuétude ».

chir, pour qu'on le voie s'appliquer à la désignation de notre
contrat de travail, de ce contrat si différent des précédents,
puisqu'au lieu de trois individus que ceux-ci impliquent essentiellement (l'un des trois étant, en quelque manière, la *res* de
la *locatio rei*), notre contrat de travail ne comporte que deux
personnes et que l'objet serait en vain cherché en dehors
d'elles ou plutôt de l'une d'elles.

III

L'esclavage, les *jura patronatus*, la *patria potestas*, enle-
vaient un terrain considérable à ce que nous entendons aujourd'hui par le régime contractuel du travail [1], en permet-
tant de se procurer des services ou de la main-d'œuvre sans
le consentement de celui qui devait physiquement les fournir [2].

(1) Assurément, et l'on vient de le montrer, c'est bien par des contrats
qu'on se procurait des esclaves ou des ingénus *in mancipio*, et qu'on se
procurait aussi les *operæ* d'esclaves, de personnes *in mancipio* ou *in patria potestate*, d'affranchis dont l'on n'était point le patron; mais ce n'était
pas par contrat avec l'esclave (à moins qu'il n'empruntât la personnalité de
son maître), avec l'affranchi, avec l'ingénu *in mancipio* ou *in patria potestate*. Par régime contractuel du travail, ce qu'on entend aujourd'hui c'est le
régime de la convention entre employeur et *employé*.

(2) Signalons cet autre fait, qui venait encore restreindre le domaine contractuel en matière de travail, au moins au temps de l'Empire. Nombre
d'industries, sous l'Empire, étaient érigées en services publics (la plupart
des industries de l'alimentation, le service des transports relatifs à ces
industries, le service des eaux, les mines...). L'homme libre qui, pour
vivre, devait travailler pour autrui, pourrait faire partie de la classe très nom-
breuse des ouvriers publics. Or, on ne pourrait guère parler là de régime
contractuel. C'était plutôt une sorte d'enrôlement militaire. Le mot *militia*
est souvent employé (L. 8, C., 11, 7; — L. 4, C. 11, 9). De véritables peines
militaires (*gladio feriantur*) sont prononcées pour la moindre malfaçon (L. 2,
C. 11, 7). L'homme libre, une fois enrôlé, ne pourrait plus échapper à l'emploi; souvent même il s'y trouvait affecté par sa naissance. Dans les manu-
factures de l'État, l'ouvrier était marqué sur chaque main du nom de l'Em-
pereur (L. 10, C. 11, 12), de manière que, s'il s'enfuit, qui le rencontre

Malgré tout une place restait encore au régime contractuel. C'est qu'en effet il y avait bien évidemment des hommes libres qui n'étaient point *in mancipio*, ou *in patria potestate*, ni complètement absorbés, s'ils étaient des affranchis, par les *jura patronatus* [1], et dont le seul moyen d'existence était d'engager leurs services à autrui. Leur consentement pouvait seul créer à leur égard l'obligation de travailler pour une autre personne. Sans doute, à raison des institutions dont il a été parlé jusqu'ici, le domaine de cette convention devait être assez restreint en fait, et c'est probablement ce qui explique la pénurie des textes sur un contrat qui n'était pas d'une grande importance sociale [2]. Mais enfin, si petit que dans la pratique fût son domaine, ce domaine existait. Comment donc les Romains envisageaient-ils cette convention et de quel nom l'ont-ils qualifiée?

Les textes disent de l'homme *sui juris* qui s'engage à travailler pour un autre : *locat operas suas* [3]. Il loue... Qui, il?

puisse le ramener. Sa femme et ses enfants partagent sa condition et sont rivés à la même chaîne (L. L. 3 et 7, C. 11, 7; — L. 15, C. Theod., 10, 20). Vers la fin de l'Empire, l'approvisionnement des esclaves par la conquête devenant plus rare, on en arrive à faire de nombreux ouvriers libres des sortes d'esclaves.

Il faudrait enfin tenir compte du colonat, à dater de l'Empire; le *colonus* était esclave de la terre (V. P.-F. Girard, *Manuel élém. de droit romain*, 4e éd. (1906), p. 130 et 131).

(1) Nous avons vu, du reste, que le patron devait laisser à l'affranchi le temps de gagner de quoi se nourrir (L. 19, D. 38, 1).

(2) On est parfois parti uniquement de cette pénurie de textes sur le louage de services entre employeur et *employé* pour en induire la rareté pratique de ce contrat à Rome. Si, dans un siècle ou deux, quelqu'un s'avisait d'appuyer sur le laconisme de notre Code civil la même opinion en ce qui concerne la place que tenait chez nous ce contrat au xixe siècle, on voit combien l'induction serait fausse. — Pour Rome l'on est fondé à croire au peu d'importance sociale du contrat de travail, non seulement parce qu'il paraît n'avoir pas préoccupé beaucoup les jurisconsultes romains, mais parce qu'aussi et surtout des institutions parfaitement connues devaient entraîner cette conséquence.

3) *Homo liber, qui statum suum in potestate habet, et pejorem eum et*

Jusqu'alors le sujet de *locare* était un autre que le travailleur; c'était son maître, son usufruitier, son patron ou son *paterfamilias*. Maintenant le sujet, c'est le travailleur lui-même, qui est ainsi sujet et objet, en ce sens du moins que l'objet ne saurait être cherché en dehors de lui. Ce qu'il loue ce n'est ni une chose, ni même un droit qu'il aurait sur cette chose. En vérité, il ne loue (*locat*) rien du tout, ni matériellement, comme dans la *locatio rei mobilis vel servi*, ni même juridiquement, comme dans la *locatio rei immobilis* ou dans la *locatio operarum servi, liberti vel ingenui in mancipio aut in patria potestate*. On chercherait en vain la chose ou le droit qu'il loue. *Dominus membrorum suorum nemo videtur* [1], d'une part, et, d'autre part, *operæ in rerum natura non sunt* [2].

Certes, dans le louage des *operæ* d'un esclave, d'un affranchi, d'une personne *in mancipio* ou *in patria potestate*, par le maître, l'usufruitier, le patron ou le chef de famille, *locare operas* était hardi déjà, nous l'avons observé. Mais encore le *locator* disposait-il d'un *droit*, matière du contrat, le droit aux *operæ*, servitude personnelle, droit réel [3], de la jouis-

---

meliorem facere potest : atque ideo operas suas diurnas nocturnasque locat (Paul, *Sentent.*, l. II, 18, 1). — *Qui operas suas locavit...*, (Paul, **L.** 38, pr. **D.** 19, 2). — Les textes les plus précis, en cette matière, sont ceux de Paul, qui paraît s'y être appliqué plus que tous autres et l'avoir mieux analysée. — *Add.*, Ulpien, **L.** 19, § 9 et **L.** 26, D. 19, 2. — **L.** 22, **C.** l, 65.

(1) **L.** 13, pr., **D. 9, 2.**

(2) **L.** 9, pr., **D., 38, 1.**

(3) « Les servitudes personnelles sont des droits réels établis au profit d'une personne sur la chose d'autrui. Il en existe deux variétés régulières : l'usufruit et l'usage, — et deux variétés irrégulières : l'habitation et les *operæ servorum*. » (P.-F. Girard, *Manuel élém. de dr. romain*, 4e éd. (1906), p. 361). — « Les opera se résument dans le droit réel de profiter des services d'un esclave. » (P.-F. Girard, *op. cit*, p. 368). L'usufruitier d'un esclave ou le légataire des *operæ* d'un esclave, en louant les services de cet esclave, disposaient donc de la jouissance d'un droit réel, d'une servitude, tout comme le legs des *operæ* était un legs de servitude active. — Le patron, en louant les *operæ fabriles* de son affranchi, disposait de la jouissance d'un droit, dans lequel il est d'ailleurs difficile de ne pas voir une

sance duquel on pouvait dire qu'on la déplaçait, au moins
juridiquement [1], qu'on la mettait, en tout ou en partie, à
la disposition du *conductor*, pour un temps déterminé ou
indéterminé. Ici plus rien ne permet ces subtilités.

Il n'est pas possible de décomposer l'opération comme on
le peut faire pour l'esclave qui lui-même se loue ou loue ses
services. *Si servus se locaverit* [2]... *Cum servus fructuarius
operas suas locasset* [3]..., lisons-nous en effet dans les textes.
Cela se peut dire de l'esclave; car le sujet, le *locator*, reste
parfaitement distinct de l'objet (*servus* ou *operæ servi*); le
locator est le maître ou l'usufruitier. Infiniment habiles à faire
échec aux principes dans la mesure où ils pouvaient gêner

---

sorte de droit réel, une espèce de servitude retenue (V. *suprà*, p. 161). —
Celui qui louait les services des ingénus qu'il avait *in mancipio*, disposait
de la jouissance d'un droit analogue à celui du maître sur son esclave, puisque la personne *in mancipio* était *loco servi, in servili conditione*; or, dans
le droit de propriété du maître était naturellement compris le droit réel de
jouissance des *operæ*. — Enfin le *paterfamilias*, en louant les services
des *filiifamilias*, disposait, du moins dans la conception ancienne de la
patria potestas, d'un véritable droit réel (V. Édouard Cuq, *Les Instit. jurid.
des Romains*, tome I (2ᵉ édit., 1904), p. 48). — Ainsi, le legs des *operæ*
d'un esclave, la *locatio operarum servi, liberti, ingenui in mancipio vel in
patria potestate*, avaient donc proprement un objet, — non les *operæ*, puisque
operæ in rerum natura non sunt, — mais un droit réel ou la jouissance
totale ou partielle d'un droit réel. L'objet du droit, dans un langage juridique rigoureux, ce n'était point et ce ne pouvait être des *operæ*, mais une
servitude, ou la jouissance de cette servitude, ou la jouissance d'un des éléments de la propriété du maître ou du chef de famille. Cela ne va pas à dire,
au reste, que la *locatio operarum servi*,..... conférât au *conductor* un droit
réel, par déplacement de la servitude ou autre nature de droit réel, pas plus
que le louage de chose ne confère un droit réel au preneur.

(1) Encore peut-on observer qu' « anciennement on considérait la servitude comme une chose corporelle; on l'identifiait avec la partie du fonds
sur laquelle elle s'exerçait. L'ayant droit disait : *Le passage, l'eau est à
moi* » (Édouard Cuq, *op. cit.*, tome II (1902), p. 266). Ce qui est dit là à
propos des servitudes prédiales, on ne voit pas pourquoi cela ne serait pas
vrai également des servitudes personnelles.

(2) L. 2, D. 33, 2.

(3) L. 18, § 3, D. 15, 3.

la meilleure et plus facile exploitation de ce capital qu'était
l'esclave, les Romains, on le sait, jouèrent savamment de la
fiction d'emprunt de la personnalité du maître par l'esclave.
Ils réalisèrent cette merveille juridico-économique d'un
capital qui se plaçait ou se faisait valoir lui-même. Mais
quand l'esclave *se locabat* ou *locabat operas suas*, c'était, en
droit, le maître, ou l'usufruitier, qui le louait ou qui louait
ses services. Il est clair que rien de semblable ne peut être
dit pour expliquer et justifier juridiquement l'expression *locare operas suas* appliquée à la convention par laquelle un
homme qui ne dépend que de lui-même s'engage à travailler
pour un autre.

Comment les jurisconsultes de Rome se servirent-ils donc
de cette expression pour désigner le contrat de travail?

Plusieurs considérations peuvent l'expliquer. C'est d'abord
la manière de procéder des Romains en matière de créa-
tions juridiques. Leur économie de moyens est trop connue
pour qu'il soit utile d'y insister [1]. Le système contractuel,
à Rome, était un système étroit. Une convention, pour être
pleinement et par elle seule obligatoire, devait, si elle
n'était pas revêtue des formes de la stipulation, rentrer dans
l'un des types de contrat reconnus par le droit civil. Pour
munir d'actions les parties dans la convention de travail,
il fallait ou créer un cinquième contrat consensuel ou la
faire rentrer dans l'un des quatre contrats de cette espèce.
L'esprit d'économie juridique devait amener l'assimilation
à une *locatio*, si l'on se souvient des conventions auxquelles
avait déjà été appliquée cette qualification. — Au reste,
créer un cinquième contrat consensuel, n'eût-ce point été
faire beaucoup d'honneur à une convention peu répandue
et d'ailleurs méprisée? Méprisée dans l'une de ses parties
du moins, le *locator*. Le citoyen qui engage son travail
ou ses services à autrui ne se met-il pas dans une condi-

tion voisine de l'esclavage? Cicéron voit, dans la *merces* convenue, un *auctoramentum servitutis* [1]. Salluste parle en bloc des affranchis, des ouvriers libres et des esclaves [2]. Quand le jurisconsulte Paul nous dit que l'homme libre, maître de son *status*, peut le rendre *pejor* et louer ses services de jour et de nuit [3], il est difficile de ne point voir là plus que l'expression de l'idée purement technique du droit de s'obliger en louant ses services. — Enfin, ces *locatores operarum*, ce devait être en grande partie des affranchis, employant ainsi, pour gagner de quoi se nourrir, le temps que leur laissaient libre les *jura patronatus* [4]. — Aucune de ces considérations n'était de nature à susciter un effort de création juridique. Si différent que fût le contrat de travail des autres conventions dénommées *locationes*, l'expression *locatio* vint s'y appliquer, peut-être bien sans qu'on y prît garde autrement. La transition, c'est le moment de le rappeler, n'était pas brusque, à Rome, entre la chose et la personne humaine, ni entre le travail servile concrétisé dans l'esclave (*res*) et le travail libre : la condition des affranchis tenus des *jura patronatus*, celle des ingénus *in mancipio*, formaient comme des degrés intermédiaires. Du travail de l'esclave, objet de propriété, à celui de l'homme maître de soi, le mot *locatio* descendit doucement la pente, sans heurt ni saut brusque [5]. L'opinion s'y prêtait, voyant dans le

[1] *Illiberales autem et sordidi quæstus mercenariorum omniumque, quorum operæ, non artes, emuntur. Est enim in illis merces auctoramentum servitutis* (De off., I, 42).

[2] ... *liberti et pauci.... opifices atque servitia...* (Salluste, *Catilina*, 50).

[3] V. *supra*, p. 172, n. 3.

[4] Les affranchis, quoique hommes libres, étaient considérés et traités, au point de vue notamment des droits politiques, comme des citoyens d'ordre inférieur, indignes d'occuper des magistratures, de siéger dans le Sénat, de servir dans les légions, de jouir du droit de vote (au moins à l'époque d'Auguste)... (V. P.-F. Girard, *Manuel élém. de droit romain*, 4e éd. (1906), p. 122 et 123.

[5] L'origine que la plupart des romanistes paraissent attribuer à la *locatio operarum* ne vient-elle pas à l'encontre de notre manière de voir? Cette

locator operarum suarum une sorte d'esclave volontaire. Et les expressions *se locare, locare operas suas*, étaient toutes formées, à l'occasion de l'esclave qui se louait ou louait ses services.

Seulement, une fois le trajet accompli, quand des siècles auront passé, emportant les institutions qui formaient comme des échelons, il faudra recourir à quelque subtilité pour expliquer juridiquement l'homonymie des deux contrats, du *louage* de chose et du *louage* de services, *omisso medio*, — ce qui est le cas pour nous qui ne connaissons que le « louage de services » entre hommes maîtres de leur activité.

Nos civilistes diront du louage de services ou « louage de travail », que « ce contrat est bien un louage... La chose « louée est la *force de travail* qui réside en chaque personne, « et qui peut être utilisée par autrui, comme celle d'une « machine ou d'un cheval. Cette force peut être *mise en loca-* « *tion*, et c'est justement ce qui arrive dans ce con- « trat (1) ».

origine devrait, selon eux, être cherchée dans un contrat de droit public ou administratif, par lequel des magistrats engageaient des hommes libres pour les fonctions d'appariteur, fonctions qu'ils ne voulaient pas confier à des esclaves (Édouard Cuq, *op. cit.*, t. I, 2ᵉ édit. (1905), p. 236 et n. 1; — P. F. Girard, *op. cit.*, p. 567 et n. 2).

Que ce soit pour remplir les fonctions d'appariteur que l'on ait vu d'abord des hommes *libres* engager leurs services, cela est possible. Et si par hommes libres on entend non seulement des ingénus, mais des ingénus *sui juris*, nous voulons bien que là ait été la première manifestation du louage de services tel que nous le connaissons aujourd'hui. Mais nous n'apercevons pas comment cela pourrait permettre de dire qu'il n'y eut pas antérieurement ou dès la même époque des *locationes operarum* de droit privé, celles-là précisément qui seules nous paraissent expliquer la formation de l'expression *locatio operarum*, appliquée à ces contrats mêmes d'engagement d'appariteurs et que la nature ou l'aspect de ces contrats n'eût vraiment guère suggérée. Les romanistes ont peut-être eu jusqu'ici trop exclusivement ou trop principalement en vue la *locatio operarum* entre individus libres et disposant d'eux-mêmes.

(1) Planiol, *Tr. élém. de dr. civ.*, t. II (2ᵉ éd., 1902), n° 1827.

L'*Arbeitskraft*, intronisée par Karl Marx comme notion économique, est ainsi utilisée dans un but d'apologétique juridique. Et, sans doute, habitués que nous sommes à l'expression « louage de services ou de travail », naturellement enclins par là même à la justifier rationnellement, il n'est pas impossible d'établir un parallélisme de surface entre le louage d'une chose ou d'un animal et la convention que par atavisme nous continuons d'appeler louage de services. Mais nous croyons avoir fourni quelque raison de penser que l'expression ne serait probablement pas née sans l'esclavage romain, que ce n'est point celle-là que dans nos sociétés nous aurions inventée pour désigner notre contrat de travail, et qu'ainsi sa genèse est historique beaucoup plus sûrement que rationnelle. Car enfin la *force de travail*, comme objet d'obligation, c'est une illusion complaisante. Il plaît à nos civilistes d'extérioriser, de matérialiser et de solidifier en quelque sorte, à la suite de Marx, mais dans un autre but, la force de travail. Mais ce que les jurisconsultes romains observaient des membres de l'homme (*dominus membrorum suorum nemo videtur*) et aussi de ses *operæ* (*operæ in rerum natura non sunt*) [1], reste vrai de la force de travail, si elle n'est rien d'autre que les muscles ou les *operæ* du travailleur.

Nous avons vu il y a quelque vingt ans, — c'était avant que la loi de 1898, sur les accidents du travail, ne vint, par l'introduction du risque professionnel dans notre droit, enlever à cette thèse la plus grosse part de l'intérêt pratique qu'elle présentait, — nous avons vu en France et en Belgique des jurisconsultes, parmi les plus éminents, soutenir que, dans le louage de services, l'objet de l'obliga-

---

(1) Cela ne les a pas empêchés, du reste, — on vient de le voir, — de laisser l'expression *locatio operarum* s'appliquer au contrat de travail, qui semble ne les avoir guère intéressés, et de mériter ainsi eux-mêmes la critique. L'occasion des fines observations ci-dessus relatées n'était point une question sur la nature du contrat de travail ni sur le nom qu'il convenait de lui donner. Leur justesse n'en est pas moins incontestable.

tion de l'ouvrier c'était le propre corps de cet ouvrier. C'est
bien à quoi se ramenait, ou du moins c'est bien ce qu'impliquait la thèse de MM. Sauzet[1], Sainctelette[2], Labbé[3],
quand, « par une adaptation presque littérale [2] » du louage
de chose, ils prétendaient que « le maître doit rendre à la
« fin du travail à l'ouvrier sa personne intacte, comme le
« locataire d'une chose doit rendre à la fin du bail la chose
« intacte au bailleur [3] ». Pour être tenu de rendre une
chose, il faut l'avoir reçue et qu'elle ait été livrée. Pour que
le patron soit tenu de rendre à l'ouvrier son corps intact, il
faut que l'ouvrier le lui ait remis, *locatum*. Ce qui pouvait,
à Rome, se dire en toute correction juridique du louage
d'esclave (*locatio rei*), des jurisconsultes se permettaient de
le dire, à la fin du xıxᵉ siècle, du louage de services entre
employeur et employé. Ne doit-on pas voir dans cette conception matérialiste et quelque peu rétrograde de notre louage
de services un effet de l'influence des mots? Serait-elle
apparue de nos jours, si le mot « louage » (*locatio*) n'avait
été là, légué par le droit romain, pour la susciter? A la
vérité, ces jurisconsultes avaient un but. leur conception
était essentiellement téléologique. Par elle, ils pensaient par-
venir de façon certaine au fameux renversement de la charge
de la preuve dans les litiges sur la responsabilité des accidents du travail. Mais l'eussent-ils risquée sans le secours
verbal que semblait lui prêter l'expression traditionnelle
de « louage »?

A. DESCHAMPS,

*Professeur d'histoire des doctrines économiques
à la Faculté de droit de l'Université de Paris.*

(1) Marc Sauzet, *Revue crit. de législ.*, 1883, p. 616, n. 3.
(2) Ch. Sainctelette, *Responsabilité et garantie*, p. 111, nᵒ 13. — *Louage
de services. Projet du gouvernement (belge)- Analyse et observations.*
Bruxelles, 1893, p. 12 et 13.
(3) Labbé, dans Sirey, 1885, IV, 25, note ; plus précisément, p. 27, col. 3,
in princip.; — Sirey, 1886, II, 97, note, col. 3.

IMPRIMERIE

CONTANT-LAGUERRE

Bar-le-Duc

www.ingramcontent.com/pod-product-compliance
Lightning Source LLC
Chambersburg PA
CBHW060535200326
41520CB00017B/5247